2017년 감성시 산책

꽃잎편지

김삼순 김정원 박완실 박선해 안춘예
이자영 이서영 이향숙 정수옥 장영순

꽃잎 편지

초판인쇄 | 2017년 7월 10일
지은이 | 김삼순 김정원 박완실 박선해 안춘예
이자영 이서영 이향숙 정수옥 장영순
펴낸이 | 윤기영 **편집인** | 정설연
펴낸곳 | 도서출판 노트북 **등록** | 제305-2012-000048호
주소 | 서울시 동대문구 사가정로 256-4 나동 101호
전화 | 070-8887-8233 **팩스** | 02-844-5756 **H.P** | 010-8263-8233
이메일 | hdpoem55@hanmail.net

ISBN 978-89-92687-93-5-03810
정 가 12.000원

2017년 감성시 산책. 여류작가 10인의 감성시집

한국 현대시[韓國現代詩]

811.7-KDC6
895.715-DDC23 CIP2017015087

여류작가 10인의 감성시집

♣ 도서출판 노트북

발간사

현대시선 발행인 윤기영

우리는 왜 문학을 갈망하는가? 그 물음은 가까운 곳에 있다는 것이다. 문학은 체험을 통해 발상 하게 되어있다. 그 발생들은 무한한 상상력으로 끌어들여 시각적, 청각적 의미를 나타냄으로 활자 표현에 도달하게 이른다.

꽃잎 편지를 펼쳐내면서 또 하나의 시집이 세상 밖으로 나오려 모였다. 2017년은 유난히도 시끄러운 한 해이다. 모든 것은 역사가 말해주겠지만 촛불집회에서는 탄핵으로 대통령 투표까지 운명의 한해고선을 그었다.

꽃잎 편지 시집은 10인의 여류작가들의 참여로 인간적 감성으로 얻어지는 내면적 사실들은 시대적 혼돈과 무질서의 시세계로 거듭나려 감성의 자극으로 독자의 마음을 사로잡을까? 기대해 본다.

봄의 향연은 만물이 보여주는 빛깔과 시의 아름다움으로 표현하는 시인들의 사유로 꽃잎 편지 편집을 마무리하면서 보람이 있었다면 시인마다 각자의 문학 경험과 시 창작에 있어 매우 중요함을 발견하게 된다.

우리는 어떤 문학적 가치로 시를 읽고 감동을 받았을 때 자신도 그와 같이 소통하며 작품을 쓰고 싶다는 강한 충동을 느낀다. 이러한 충동을 느끼게 하는 것은 문학사마다 이끌어가는 창작의 비법이다. 꽃잎 편지 동인지를 준비하면서 가슴에 사무치는 창작의 씨앗을 만들게 한다. 또 그 작품을 통해 작가의 내면에 감추어져 있던 무수한 생각과 감정을 이끌어 엿보는 것은 새로운 감성터치로 가치를 탄생시킬 수 있다는 것은 시문학의 발전이다.

목 차

목 차

09_정수옥

10_장영순

QR코드

비오는 날의 상념(想念)_김삼순

영상시 감상하기_낭송 정설연

김삼순 시인

강원 횡성출생

거주 인천

계간 현대시선 시 부문 신인문학상 수상

현대시선 인천지회 총무국장

공저 : 가을 편지 외 다수

비오는 날의 상념(想念) 외

김삼순

나는 비를 맞고
한여름에도 감기에 걸릴 것입니다
한 이틀 방바닥에 누워
열에 들뜬 신음을 흘리다
아주 깊은 잠에 빠져 들겠지요

세상일 아무도 모르듯이
나는 여기에 있고 아무도 모릅니다
손에 든 쓸모없는 해열제를
바닥에 흘려버리고
나는 식은땀을 흘리겠지요

누군가는 핼쑥해진 내 얼굴을 보고
예뻐졌다고
지나가는 상냥한 말을 할 것입니다
나는 괜찮을 것이고
이제 비가 오면 우산을 씁니다.

봄날

꽃으로 와서
향기로 머무는 그대
꽃잎 떨어진 자리마다
알알이 맺힌 작은 이슬방울
아련한 추억의 잔상처럼
그 날의 기억처럼

바람으로 와서
그리움으로 머무는 그대
지나 온 꽃길마다
쌓이던 전설
먼 나라 얘기처럼
잊혀진 동화처럼

따스한 햇살아래
꽃비 내리는 길 따라 가면
봄이 그린 풍경화속
마주 선 너와 나
빛바랜 사진처럼
어제도 그랬던 것처럼.

봄을 그리다

김삼순

너와 함께 손잡고 걸었던 길
바람이 불고 햇살에 눈이 부셨지
도란도란 우리들 얘기
톡 톡 톡 꽃이 활짝 피었고
우리들 웃음도
꽃처럼 활짝 피어났지

너와 헤어져 돌아오던 길
바람이 불었고 비가 내렸지
남겨진 공원의 긴 의자위엔
톡 톡 톡 꽃잎이 떨어지고
우리들 청춘도 그렇게
꽃잎처럼 지고 있었지

그 날의 약속을 기억하고 있을까
말하고 나면 사라져 버릴까
차마 말하지 못한 사랑을
너는 알고 있었겠지
말하지 않으면 모르는 거라고
그렇게 어긋나버린 인연일진대

너와 내가 없는 그 길에는
지금도 바람이 불고 비가 내리네
톡 톡 톡 꽃이 피고
톡 톡 톡 꽃이 지고
아직 끝나지 않은
우리들 이야기처럼.

꽃잎편지~김삼순

첫사랑

김삼순

아무도 가르쳐 주지 않았다
때가되면 알게 될 거라고

언제부터였을까
너를 보면 가슴이 아팠지

너를 볼 때마다
눈물이 나는 건 너무도 시린
하늘빛 때문이야

생각만으로도
이렇게 떨리는 건
아마도 바람 때문이야

곁에 있어도
그리움이 차오르는 건
네 눈동자 속의 놀빛이
너무 예뻐서 일거야

그래 그런 걸 거야.

존재(存在)

사람들 사이에 내가 있다
그 사람들 속에 내가 없다
나는 어디에 있는 것일까
돌아보니 찰나인 것을

꽃이 피었다 소리 없이 지듯
내가 살아 온 시간들의 흔적이 없다
기억의 조각
그 어디쯤엔 존재할까

바람처럼 왔다가
그렇게 갈 수는 없다지만
손 안에 잡힌 건 바람뿐
움켜 쥔 손만 아프다

언제나 닿을 듯 말 듯
마주보는 평행선
더는 손 내밀지 못하는 소심함
그 곁에서 바람이 인다.

상실(喪失)·1

김삼순

눈이 내렸다 시리도록 파란
장밋빛 만개한 정원에
예보 없던 폭설이다
현기증이 인다 토악질을 했다
잘 다듬어진, 어머니의 손길 가득한 정원에
장미가 피었다
장미보다 많은 가시가 돋았다
가시보다 더 많은 눈이 내렸다
파랗게 부서진 눈(雪)빛에 장님이 되었다
일어나야 한다
가시 돋친 가지를 잡고
심장마저 얼어붙지 않기 위해
일어나야만 한다
6월이다 그러나
겨울은 이미와 있었다.

For my brother

축사(祝祭)

그 겨울 시리던 추위는
기억에서조차 잊힌 듯
솜사탕처럼 녹아내리는 햇살

스틸레토힐의 리듬에 맞추어
익숙한 몸짓으로 춤을 추는
봄의 실루엣

하늘거리는 치맛자락 사이로
비집고 나온 꽃샘
아랑곳 않는 함.박.웃.음.

목련

김삼순

달빛 한 조각 베어 물고
하늘 향해 고개 들었다

열두 살 소녀의 초경앓이
그 부끄러운 설렘

닿을 듯 닿을 듯
시샘하던 바람도 숨을 죽인
순수(純粹)

시나브로 이지러지는
햇살보다 눈부신
낮달 하나.

복숭아

작은집 마당가에
발그레 고운 꽃잎

바람에 날리더니
햇살 한 줌 품에 안아

달빛조각 입에 물고
이슬로 씻었더라

넘치는 그 情이야
뉘라서 외면할까.

오월의 소묘(素描)

김삼순

하늘은 어제처럼 파랗고
바람은 구름떼를 몰고 다닌다

아버지께서 화전으로 일구셨던
비탈밭은 다시 산이 되었고
어머니는 발가락에 가시처럼 박힌
恨을 다독이듯 밭이랑을 북돋우며
열심히 호미질을 하셨지

주인 잃은 외양간에서 장닭이
대낮에도 홰를 치며 울어 대고
굴뚝 옆에 길게 누운 복실이 등에 머물던 햇살은
금낭화 꽃송이들과 어울려 놀다
빨랫줄에 늘어져 오수(午睡)를 즐기곤 했어

진한 그리움이
아까시꽃 향기 속에 묻어오는
오월 어느 날.

갈망(渴望)

얼마나 더 기다려야
당신께 닿을 수 있을까
도시는 어둠에 잠기고
점멸하는 신호등

방황하는 청춘은
빈 술병 사이에서 진리를 찾고
식어가는 찌개를 반복해서 데우는 노모(老母)는
깜박이는 형광등 사이로
스러지는 의식을 잡고 있다

우리는 알고 있지
모두가 붉은색 위험 신호등 앞에 서 있음을
하루하루 위태롭게 지나는 삶에
기다리는 초록 불은 더디게 온다는 것을
안개인지 미세먼지인지
눈앞이 자꾸만 흐려진다.

QR코드

이젠 말할 수 있어요_김정원

영상시 감상하기_낭송 운율 김성천

김정원 시인

호 : 설은 _ 거주 인천

계간 대한문학세계 시 부문 신인문학상 수상

(사) 창작문학예술인 협의회 회원

현대시선 작가협회 회원

최근작 : 당신은 사랑입니다

공　저 : 가을 편지 외 다수

이젠 말할 수 있어요 외

설은 김정원

보고 싶을 때
보고 싶다 말하지 못하고
그리울 때
그립다 말하지 못한
애달픈 마음
이젠 말할 수 있어요

당신 마음 힘들까봐
긴 시간
홀로 가슴앓이 했던
수많은 사연도
이젠 말할 수 있어요

당신 보고 싶다고
당신이 그립다고
나, 언제까지나
당신을 사랑한다고
당신 없으면 나도 없다고
이젠, 말할 수 있어요.

내게 설렘을 주는 사람

영롱한 아침 이슬처럼
메마른 가슴에
촉촉이 내려 앉아
잠든 영혼을 깨우고
사랑이란 이름을 새겨준 사람

언제나 곁에 있어도
그립고, 보고 싶어서
별처럼 반짝이는
눈망울로
보고 또 바라보는 나의 사랑

한결같은 마음 하나로
내게 사랑을 주고
행복한 설렘을 주는
내가 사랑하는
이 세상 단 하나뿐인 내 사랑.

꽃잎편지~설은 김정원

당신 마음 알아요

설은 김정원

세상 사람 모두가
당신을 외면한다 해도
나는 당신을 믿고
당신을 사랑해요

별 하나 반짝이지 않는
어두운 밤에
홀로 잠 못 이루고
뒤척이는 당신 마음
나는 알아요

아무리 힘겨워도
힘든 모습 보이지 않으려
애써 웃음 짓는
당신의 그 아픈 가슴
나는 알고 있어요.

너무나 사랑한 당신

참 많은
시간이 흘렀습니다
당신을 만나
사랑했던 순간들이
기억 저편 그리움 되어
캄캄한 밤
별빛 흐르는
작은 창가에
조용히 찾아듭니다

당신은 모릅니다
내게 있어
당신이 얼마나
소중한 사람이었는지
내가 얼마나
당신을 사랑했는지.

내가 그대를 좋아해요

설은 김정원

아직도 난
사랑이 뭔지 몰라요
그냥 그대를 좋아해요

잠시라도
그대 생각에 잠길 때면
철없는 아이처럼
웃을 수 있어서 좋고

어둠이 깃든
까만 밤이 찾아와도
그대 모습, 꿈속에라도
볼 수 있으니 행복해요.

내 마음이 행복합니다

애잔한 눈빛으로
그댈 바라보는 내 가슴이
뜨거운 열병 속에
심한 몸살을 앓고 있지만

그대는 나의 연인
나만의 소중한 사랑이기에
견딜 수 없는
고통의 순간에서도
내 마음은 행복합니다

잠든 영혼을 깨우고
강한 울림으로
내 심장을 박동케 한
유일한 한 사람

어느 곳에 있든지
그대 가슴에 내가 있듯이
내 가슴엔 오직
그대의 사랑이 있어
내 마음이 행복합니다.

꽃잎편지~설은 김정원

차 한 잔 해요

설은 김정원

넓은 창을 타고
흐르는 빗물처럼
진한 커피 향에 젖어
잔잔한 목소리로
옛 추억을 노래하는
작은 라이브 카페에서
우리 차 한 잔 해요

가을을 닮은
조용한 음악과
어느 멋진 무명 가수의
부드러운 하모니가
너무나 잘 어울리는
분위기 있는 카페에서
우리 차 한 잔 해요.

내 사랑아

눈부신 햇살에 숨어
살며시 내 안에 들어오는
다정한 얼굴 하나
비록 만날 수는 없지만
세월이 갈수록 짙은 그리움에
눈물이 나는 사랑아

바쁜 하루의 시간 동안
내 맘에 몇 번이나 다녀갔는지
행여 보고 싶다 말하면
끝내 울어버릴까 봐
아무런 말도 하지 못한 채
돌아서는 애달픈 사랑아

백 년이 지난다 한들
가슴에 새겨진 당신 모습을
지울 수 있을까
생의 마지막 끝날 때까지도
영원히 잊지 못할
보고 싶은 내 사랑아.

꽃잎편지~설은 김정원

그 사람이기 때문에

설은 김정원

하루에도 몇 번씩
숨겨진 내 맘을
고백하고 싶은 사람이 있습니다

가까이 조금 더 가까이
다가가고 싶은
그런 사람이 내 곁에 있습니다

아무런 이유 없이
아무런 조건도 없이
그 사람이기 때문에
그 사람이어야만 하기에
사랑할 수밖에 없는 한 사람이
내 안에 있습니다.

4월이 가져다준 선물

라일락 꽃잎이 온 세상에
꽃비 되어 내리던 날
새색시처럼 수줍은 가슴에
몰래 들어온 어여쁜 사랑

길가에 옹기종기 피어난
작은 꽃 한 송이의
눈맞춤에도
달콤한 사랑의 싹을 틔우고

살며시 얼굴을 스치며
지나가는
부드러운 바람결에도
입가엔 행복의 미소를 띤다

살랑살랑 꽃향기에 실어
4월이 가져다준 고귀한 선물
그대라는 이름의
아름다운 사랑입니다.

꽃잎편지~설은 김정원

QR코드

내 가슴에 눈물 사랑_박완실

영상시 감상하기_낭송 정설연

박완실 시인

거주 경기 수원

계간 현대시선 시 부문 신인문학상 수상

현대시선 작가협회 회원

공저 : 감성테마여행 외 다수

내 가슴에 눈물 사랑 외

박완실

내 삶의 반 어머니
인생의 반을 나와 함께 이별 슬픔
온갖 서러움 희로애락 함께한
나의 인생 동반자 어머니

함박웃음 꽃이 피던
그 맑은 햇살처럼 따스한
나의 어머니
사랑하는 딸이 이렇게 어머니를
눈가가 뜨겁도록 보고파서 웁니다

어머니도 머나먼 곳에서
사랑하는 딸 생각에
보고파하시던 그리움이 더해만 갑니다
자식 생각에 내가 울면
사랑하는 어머니는 더 슬퍼하시는 마음

사랑하는 어머니
내 가슴에 눈물로 묻어버리고
하염없이 오늘만 울어보고 싶습니다

사랑하는 나의 어머니
너무 보고픈 나의 어머니
사랑합니다 어머니.

사랑하나 먹고 살아요

박완실

내 가슴 두근대면
사랑이 넘쳐흘러요
온 마음으로
품어내는 사랑의 온도

사랑하는 그대에게
받은 나만의 사랑
내 마음 보석처럼
깊이 간직하고 있어요

나만을 사랑해주는
그대가 있기에
난, 사랑하나 먹고살아요

그대 사랑 듬뿍 받으면
내 마음 행복해서
그 어디론가 날아갈 것 같아요

그대 내게 주는
그 사랑 하나있어
난, 언제나 그대 사랑 먹고살아요.

고운님 달빛 되어

가을밤이 저물어 가고
낮을 환히 비춰주던
해님도 숨고 별님도
숨어 버렸어요

나 그대의 그리운
마음은 저 멀리 떠
있는 달빛을 바라보며
그대 그 아름다운 미소
그리움으로 달빛타고

내 마음을 사로잡네요
그리운 내님이여
오늘밤 고운님 되어
살포시 와주셔서 날
꼭 안아주세요.

내 가슴에 그리움의
꽃이된 그대여

박완실

그대가 내게 보여준 미소
그대와 함께 매일 웃음 속에
행복을 키우는 사랑꽃입니다
긴긴밤 그리움의 꽃이되어
내 가슴속에 피어납니다

그대여
사랑으로 피어나는
그대의 미소꽃
그대의 그리움입니다

고요한 내마음속에
잔잔한 파문이 일어요
작은 내 가슴에 그리움의
꽃이 된 그대여.

꽃은 여자의 향기

여자라면 꽃을 좋아합니다
여자들은 꽃을 바라보면서
사랑을 느끼고 싶어 하지요

여자들은 너무 단순해서
꽃을 보며 행복해 어쩔 줄을
모르기도 한답니다

꽃에서 나는 향기보다
여자들은 꽃처럼
사랑하는 당신에게
꽃보다 더 짙은 사랑 향기로
남고 싶은 마음입니다.

사랑이 슬픈 이별이 되는 날

박완실

그대를 내 가슴에 사랑으로 품어
내 마음 다 주고도 더 줄 수 있다면
슬픈 이별이 되지 않았을 겁니다

그대의 영혼은
이 세상에서 가장 아름다운
진주빛 이슬이 되어 옵니다

그대의 흐트러지지 않는 자태는
절대적인 빛깔의 맑은 영혼들로
목걸이를 걸어주고만 싶습니다

마음의 소리는 그대만의 숨결로
나에게 사랑의 눈빛으로 다가와
눈으로도 볼 수 없는 떨림에
마음의 깊이는 켜켜이 쌓이고 쌓여
울림으로 다시 되돌아오네요

그대 눈빛에 오늘도 웃음 짓고
그대 꿈결 속에 행복을 묻는데
이렇게 좋은 날에 이별이 온다면
이 슬픈 이별을 어찌할까요.

꽃잎편지~박완실

해질녘에

박완실

논두렁 밭고랑 잡풀 위로
잠자리 떼 하늘거리며 몰려다니고
익은 벼 고개 숙인 채 인사하듯이
해질녘 붉은 노을 지나
불 밝히듯 다가오는 가로등 불빛도
고단함을 식혀줍니다

귀뚜라미 귀뚤귀뚤 가을이라고
소리 높여 합창하고
고향길 같은 해질녘에
어머니의 따스함이 전해지는
시골 논밭길이 너무도 가고파
명절이 손꼽아 기다려집니다

어머니의 따뜻함
맑은 하늘도 그리워
고향하늘 바라보며
나를 기다리는 어머니
하늘을 닮아 눈시울 젖어오네요

평생 고생하신 내 어머니
다리를 절룩거리시며
나를 반기시던 내 어머니
선명한 그 모습이 너무 좋습니다.

꽃잎편지~박완실

슬픈 눈물꽃

박완실

가슴이 아려오면
눈물 되어 흘러요
슬픔은 아픈 눈물 되어버려요

가을은 슬퍼요
스치는 바람처럼 살며시 왔다가
아름다운 마음을 새겨놓고
흔적 없이 사라지네요

어둑어둑해지는 이 밤은
그리움에 물들이는 별빛처럼
내 마음도 함께 따라갑니다

깊어 가는 이 어둠은
그리운 마음으로 다가와
눈물꽃 슬픔이 되어
내 가슴에 파고듭니다.

사랑 나들이

봄을 시샘하는
꽃샘추위도 가고
내 마음은 벌써부터
따사로운 봄을 맞이하는
설레임으로 가득합니다

사랑하는 그대와 나
그 어디라도 함께
봄꽃 사랑을 찾아
사랑 나들이 가요.

꽃잎편지~박완실

QR코드
다시 능포바다_박선해
영상시 감상하기_낭송 운율 김성천

박선해 시인
거주 김해
계간 현대시선 시 부문 신인문학상 수상
현대시선 영남지회 이사
제3~4회 감성테마여행 영상시문학상 우수상 수상
제5회 감성테마여행 영상시문학상 대상 수상
제2회 창작동네 문학상 수상
공저 : 가을 편지 외 다수

다시 능포바다 외

박선해

어쩌다 한 번씩은 지난날들을 모두
순한 얼굴들로 그 길을 다시 걸어본다

석양 속으로 펼쳐 많은 이야기들이 있는
능포바다에는 옛 마음이나 새 마음이나
쓸쓸한 날이나 즐거운 날이나
기약 없는 사람들이 오가네

갈매기 날으는 길 따라 어느 전설은
뉘집앞 포구에 바람 한올로 닿을까

새순을 지지 우며 핀 꽃들은
연약한 밀어를 기다리고 아무도 없는
망망대해에 침몰하지 않는 배를 향한
강건한 기도가 되리

좋은 사람들이 만나고 헤어지던
비오는 선창가에는 강태공이
유정 무정을 낚아 올린다

애정이었던가 애착이었던가
한 뼘 두뼘 매정하지 못한 살결은
주름져 삶의 결을 남기우고
아직 떠나지 않은 먼 길을 가며
봄바람이나 흔들리는 갈대나
태양도 얼음도 잊혀져가는 뒤안이리라

분수처럼 치솟아 고동치는 이야기들도
포말 되어 흩어 내리고 가다듬는 호흡 한가락은
물결 위 그리움을 채색하네

웃음소리 칼칼한 능포바다
다시 불러본 회상은
박덩이빛 추억이 되리라.

꽃잎편지~박선해

더 돝섬

박선해

마창대교따라 바람 태워
웃음꽃 펴 날리며 옥빛구름 태운
햇살 맞아 행운선 해피크루즈가
기다리는 마산항으로 차들이 쌩쌩 달린다
사랑과 만남의 여정은 일상을
보듬고 나누는 삶에 유람 따라
가끔 흐르는 인생이리라

학교에 열중한 소년들의 포즈는
카메라 셔터로 이탈과 해방 깔깔깔
헤픈 웃음으로 일탈의 유람소풍이어라
가족, 친구, 연인들의 즐거운
얼굴들에 나들항이 환희로 찼네

황금돼지에 비는 소원은 추억의 향기를 남기고
함께하는 열린 음악회에
사계절은 꽃 축제로 열정을 안겨주니
돝섬지기의 깜찍한 이벤트가
해상공원 둘레 길에 하늬바람을 불러준다

언덕 위 종소리는 뒷산정원으로
물새들 불러들이니 월영대 10인의 시비가
민초의 향내 풀어 명주 올 읊어내고
이름 모를 들꽃은 도심의 갈등 속 희로애락이 되니
한창 폭죽놀이로 심신의 영혼을 밝히는 무지개빛
마술에 나날이 새로워라
끝없는 바다끝 하늘음 펴내려 철탑을 두른 시들은
말 바람 따라 아득히 휘날리네

마산항 바다를 열어든 유람선 창가는 바람 스쳐
청명구름 펼친 불멸의 음악이로다
풀피리처럼 흐르는 '반달' 동요가
파도능선으로 애잔히 흐르네
그 곳에 가면 어느 선장의 인정스런 선율이
뭉클하니 가슴을 울리우고
검푸른 파도 위 해질녘 노을에 달빛음률을 물들인다

저만치 외로이 우뚝선 막개도
등대가 낭만 가득이다.

꽃잎편지~박선해

뜰안에서

박선해

깨어나는 그 길을 꿈결 걷듯이 걸어봅니다

길 잃은 바람이련가
가슴에 들앉는 샘같이 맑스그레한
잔잔한 줄기 우리 마음에 동산을 안겨줍니다

번번한 일상과 애통한 근심들은
양상을 띠며 새벽향기에 스며듭니다
한줌 인생길이 가슴에 얹은 손바닥 만큼인가
안개 속에 한발 앞을 보니 이러니저러니
풍진 삶들도 덩그렇습니다

이런 날엔 휘파람불며 내일 뜰 햇살을
어진 맘으로 기다려봅니다
허물어지는 안개는 흔적 없는 춤사위를 펼칩니다

이별의 밤을 감싸 안는가
가뭇가뭇 예전의 허망들은 구름 되어
둥둥 떠돌아 어떤 순리의 방향이 되어
쾌청한 아침을 낳았나봅니다

새순처럼 피어나는 그 파릇한 풀밭 길은
쑥쑥 자라나고 태양이 하늘의 은혜로
그리운 옛 노래를 부르겠죠
어느 순간 익숙한 그림자 되어 펼쳐지리라

이런 날엔 가슴속 뜰 안을 아까히
간직하며 내일을 기다립니다.

기슭 어디쯤이려나

박선해

심산에 감춰둔 이슬방울이
으깨어져 가슴에 저며 온다
지난 시간들은 향연의 시간들을
불어내리니 나는 사랑한다
그 거침없는 삶의 전령처럼
그대 고이 오소서
온실이 아니어 노상이었어도
야생처럼 살아온 그 날들이여

진정이어라 애끓었던 그리움도
사랑이어라 애달았던 아쉬움도

짧아도 그 삶 길어도 그 생
늬 권하리오 한 잔 술을
늬 마시리오 그 꽃술을

산새마다 지절대는 새들에
손길은 단지 가슴 저민 마음사
토닥토닥 살아가는 이야기라오

으스러져가는 해 그름녘
하늘이 사그락 사그락 음률을 이루리라
출출했던 일들랑 무등 태워
지고이고 힐끗힐끗.

꽃잎편지~박선해

그런 사랑이 되어 주고 싶다

박선해

보이지 않아도 늘 가슴이 훈훈해지는
살며시 빙긋 웃어도 길게 여울지는
폭풍처럼 고통이 밀려와 나를 도와주지 않아도
고요한 정적 속에 분신처럼 바로 곁에 있는 것 같은
어떤 장소든 나를 원하고 나를 진심으로 대한다면
난 그런 사랑의 친구가 되어 주고 싶다
난 그런 사랑의 대지가 되어 주고 싶다
묵묵하고 밝은 미소로 해바라기 같은
친구가 되어 주고 싶다

그 무언인들 어떠리
그저 나를 도와줄 수 없어도 밀려오는 슬픔을
싫어한다 해도 부서지는 저 마음을
동여매줄 수 있으리
나는 모든 것들이 필연적으로 있어야 할
자리에 놓여있음을 본다
지금 모든 것은 태연하다
잠시 왔다가는 이곳에서 굳이 추하고
보잘것없는 것만 보려하지 않았나 생각해보게 된다

이 세상에 태어난 기쁨과 감사함을 우리는 모두
순간을 망각했던 게 아닐까
거스를 수 없음으로 무너지는 어제와 오늘
코끝으로 스며드는 순백의 눈 냄새가 온몸을 덮는다.

꽃잎편지~박선해

그 자리에

박선해

기다림을 알까 늘 그랬다는 것을
떠오르면 가슴이 저려 오는
거울속의 알 수없는 마음은
별빛을 담아 지우려 지우려하지만
그 자리 그 곳에 늘 있었네
어느 순간 없어질까 봐 나도 모르게
발길은 살몃살몃 미소 지으며 걸어가네
고요히 흐르는 밤을 담아
잊혀지지 못한 후회는 않으리.

행복에게

너는 다정하고 참 친절한 친구야

네 얼굴을 가만히 보고만 있어도
웃음이 나오니 말이다

그냥 곁에 있어만 다오
내가 너무 사랑하더라도
밀어내지 말아줘
너를 항상 품에 꼬옥 안고 놓지 않을래

따뜻한 너의 품이 너무 좋아
나를 돌봐주고 보듬어 주는 너가 정말 좋아

너는 모든 것을 이해해주고 용서해주고
그런 너는 온기 있는 편지와 떨림 있는 엽서란다

그건 바로 너 행복이야.

꽃잎편지~박선해

그대로

박선해

흐르는 시간들 속에 우리 젊음의 날은 잠시 뿐이야
세상에 많은 사람들이 모여 살잖아
슬픔과 기쁨이 행복한 일상이 되어
모두 이해하고 사랑하자

어느 날 우연히 다가오는 연인처럼
맑은 날 차 한 잔 하자는 친구의 전화처럼
하루엔 좋은 일이 생길 것처럼
언제까지 그대로이고 싶어라

마음을 활짝 열고 뜨거운 가슴이 있는 청춘들이야
청순하고 예쁜 우리가 살고 있는 세상이잖아
아직 남아있는 고독과 절망이 담벼락이 되어도
모두 고통으로 받아들이지 말자

지나버린 아픈 상처가 다시 찾아와도
몸부림치듯 어느 순간 고달픈 삶이 찾아와도
하루엔 좋은 일이 생길 것처럼
언제까지 그대로이고 싶어라

우리가 그렇게 살고 있는 세상이잖아
우리는 늘 새로운 기분으로 하루를 보내자

언제까지 그대로이고 싶어라.

목련꽃 엄마를 기리며

박선해

살아오신 그 낮을 곱게 접고 접어
긴긴 시간들을 내어 놓으며 온 한밤을
누구하나 이름 앉혀 손 한번 잡고
지닌 것 없이 가시는 뒷모습을
차마 잊지 못합니다

내가 찾는 이름은 이미 없습니나
저기 저만치 하얀 꽃잎 미로 속으로
아련해지는 그리움만 남습니다

인생의 첫날을 주시고 삶의 수정을 주시고
인생의 마지막을 목련꽃잎하나 떨구고서
손에 들지마라 멀리 가신 당신을
사모하는 마음만 뿌립니다

당신을 그리워 애틋한 마음만
목련꽃 가지 끝에 한 점 흘립니다

그리워 마라
저 멀리 뒤를 보이지 않으시는 당신을 사모합니다.

당신을 사랑 한답니다

세상에 모르는 남들이 함께
사랑 속으로 피어나며 살아갑니다

한낮엔 꽃잎 되어 한밤에 별빛 되어
달과 해 벗님 되어 여기 있습니다

세상 소용돌이치는 일도
가물거리는 시간으로 여백을 두고
떠나가 돌아오는 것도 돌아와 떠나가는 것도
아직 다하지 않은 사랑하나 있어 당신과 함께 합니다

웃음소리는 믿음으로 다정함 이루고
뭉컹거리는 가슴은 아련한 고향이 되어
그리움으로 돌아오는 날 침묵은 잠에서 깨어나
청각들을 눈이 어두워지기 전에 부르겠죠

저 밑둥 어딘가 우리 영혼이 싹틔울
준비를 하고 당신과 내가 초대되어
살짝 귀 기울이면 들려오는 행복의 소리
"당신을 사랑한답니다!“

꽃잎편지~박선해

QR코드

어느 봄날의 독백_안춘예

영상시 감상하기_낭송 정설연

안춘예 시인

호 : 초향 _ 거주 인천

계간 현대시선 시 부문 신인문학상 대상수상

현대시선 인천지회 회장

제2회 시선문학대상 수상

제2회 예술문학대상 수상

제2제 감성테마여행 영상문학상 대상수상

시집 : 슬하_소래포구

공저 : 가을편지 외 다수

감성테마여행 영상앨범 1~3집 참여

어느 봄날의 독백 외

초향 안춘예

계절이 주는 신선함속에
내가 뿜어내는 힘겨운 향기는
혼탁하기만 하다

꽃소식은 자꾸 자꾸 올라오는데
기분 좋은 마음이어야 하는데
애잔한 생각이 자꾸 시선 끝에 매달려
꽃보다 먼저 피어난다

모든 일이 그러하듯
마음만 청춘이고
내가 바라보는 풍경 속에서
나는 자꾸 겹치어 흔들린다

바람은 미풍으로 불어 꽃향기로 찾아오는데
나른한 한나절 햇살 무거운 짐을 등에 지고
느슨한 틈을 파고들어 마음을 따끈거리게 한다

두툼한 겨울옷처럼 무거운 봄.

생태공원에서

소래습지생태공원으로 흐르는 바람
갯골로 들어오는 바닷물
염전으로 보랏빛 구절초꽃
향긋한 향기로 물들인다

옷깃에 묻어나는
체향으로 가을이 묻어나고
들리는 숨결에 고운옷 갈아입고
모여 앉아 가을꽃 피운다

햇살의 미소
금빛 날개의 향기가 재 넘어 바람인 듯
가을빛 타고 염전을 물들인다.

지금쯤

초향 안춘예

눈부시게 아름다운 가을
구름 한 점 없는 맑은 하늘
푸른잎 어루만지며 단풍들게 하네

넓은 평야 황금물결 일렁이고
금방이라도 쏟아질 듯
펼쳐놓은 바다빛 하늘

가을아
방황의 길 위에서 나는
설악의 고운풍경이
무척이나 보고 싶구나.

삶의 갈무리

갈대숲에서 서걱거리는 가을소리
이불호청 빨아 풀 먹여 놓은 것처럼 서걱서걱
세월의 흔적 산허리에서 자유롭다

나의 삶도 요즘 서걱 거리는 소리를 듣는다
허리에 꼽혀있는 침이 파르르 떨림으로 서걱거린다

왜 나의 눈에선 눈물이 주르륵 흐르는 걸까
말할 수 없는 아픔의 고통도 잘 견디고 살았는데
중년의 산허리는 이제야 자유롭다

가을걷이가 한창인 요즘
삶의 가을걷이를 해야 하는 요즘
병실에 갇혀
갈대의 서걱거림을 듣고 있다.

나에게 편지를 쓰다

초향 안춘예

좀 쉬어가라
가을 하늘은 나에게 미소를 건넨다
난 파란 하늘에 대고 나에게 편지를 써본다

아니 벌써
가을이 형형색색으로 물들었구나
제대로 나들이 한번 못가고 가을이 익어간다

나만의 시간을 가져보자
때론 나에게 시간을 줘야 되지 않을까

아무도 들을 수 없는 나만의 고통
참고 또 참으니 내겐 관심도 없다
내 몸이 아파도 나조차 관심이 없었으니
나만의 가을 사랑은 병실에 누워
디스크가 터졌다고 소리 내어
내게 편지를 써본다.

불빛아래서

나의 몸을 잡아 흔든다
불빛의 속도를 붙잡을 수 없지만
나의 몸을 붙잡아 흔들고 당긴다

불빛은 주인의
옷자락이 아닌 허리춤을 잡아당긴다
마음은 그 자리에 뉘우고
잡아당기는 대로 몸이 힘없이 따라간다

내 안의 나를 사랑하기에
강압으로 당기는 대로
마음속 깊이 파고드는 불빛에
얼굴을 묻는다.

부족한 시어

초향 안춘예

가을바람에 귀 기울인다
설레는 마음으로 바람타고
고운 시어가 따라올 수 있을 거라고

노을을 보며
아름다운 말을 떠올리기에
습관처럼 귀 기울인다

늘 부족한 시어에
작은 느낌으로
시의 향기를 만들어 내야하는데
문장에 목이 타들어간다.

갈바람

어느 가을 날
노란 꽃잎 달콤한 향기로 만났다

하늘 아래 아련한 마음
세월의 그리움 그 향기로 만났다

햇살 고운 가을날에
갈무리도 채 끝나기 전에
아쉬운 이별을 나뭇잎 바람에 싣는다
불어오는 밤바람에
가을의 그리움이 젖어든다.

꽃잎편지~초향 안춘예

통증

초향 안춘예

햇살 아래에서
통증을 말릴 수는 없었는지
칼바람에 통증을 날려버릴 수는 없는지
내 등에 침을 나란히 꼽아 놓고 기다린다

화려한 진달래 개나리 매화 꽃잎이 떨어져
바람 따라 갈 때쯤이면 통증도 따라 가려나

엎드려 뒤척이지도 못한 채
허전한 마음 채워보려
한 줄의 시어를 찾아
자꾸자꾸 끄적여 본다.

시월 편지

노란 은행잎에 정성들여 예쁘게 쓴 글
당신께 띄우려합니다

청명한 가을하늘
이 성숙한 가을을 띄우려합니다

예쁜 사연 하나
갈바람으로 띄우려합니다

나의 그리움이므로
주소도 없이 그냥 띄우렵니다

그 누구에게도
받았다는 답은 기다리지 않겠습니다.

꽃잎편지~초향 안춘예

QR코드

당신의 세레나데_이자영

영상시 감상하기_낭송 운율 김성천

이자영 시인

아호 : 청암(靑巖)

계간 현대시선 시 부문 신인문학상 수상

현대시선 경기지회 이사

제5회 영상시 문학상 금상수상

제1~3회 감성테마여행 영상앨범 참여

동인지 : 창작공작소. 감성테마여행. 가을편지 등

시화전 : 아차산.광교.중랑천. 참여

당신의 세레나데 외

清巖 이자영

고요한 저녁 창가에 서서 멀리 바라 볼 때면
사계절이 따로 없는 내 마음의 호수에
저녁노을이 봄물처럼 일렁이게 하는
뒷모습 당신은 누구십니까

어느 사이 당신을 떠 올리게 되는 나는
고요한 적막을 당신의 세러나데로 바꿉니다
봄비에 촉촉히 젖어 오는 감성만으로 이르지만
어느 정도 더 알아듣기 힘들면
난, 울 것 같습니다

내 마음 하늘에 찬비 막아 줄
우산 같은 나무 같은 당신이라고 생각했는데
오늘은 괜스레 핑계 없는 바다의
슬픈 저녁노래만 한 소절 지어 주고 우네요
당신은 누구십니까

생의 저 끝에서 영영 눈을 감는 순간에도
내 곁에서 나를 무섭지 않게 안아 줄
당신의 세레나데를 믿고 행복해져도 됩니까

조금 이르지만 이렇게 욕심 부리는 나는
체면도 없이 눈물이 내립니다

외로웠던 마음이 무얼 말하는지
나는 잘 모르겠지만 감추지 못 합니다
봄의 새싹이 움트려면 춘삼월로 가야하는데
아직은 이른데 말입니다

그래도 나는 당신을 나의 봄으로 맞습니다
이 봄날 당신의 세레나데는 슬펐지만 행복했습니다
당신은 누구 십니까.

꽃잎편지~청암 이자영

실버들 연정

淸巖 이자영

무엇이 안타까워
실버들 새움 시리게
바람 청하며 여린 가지 올리느냐

야윈 가지 푸른잎 덮어 주면 될걸
무엇에 정들어
물오른 버들가지 요동치느냐

아프면 아프다고
그리우며 그립다고
가지 들어 하늘 향해 소리쳐 보아라

손 없는 가지로 땅에 적어 보아도
헐벗은 몸매 물에 비춰 보아도
서글퍼서 우수가 낭자해
갈 곳 없는 풀잎 같은 나

긴 머리카락 훨훨 풀어
실버들, 너의 잎이 되어 주고 싶구나.

여백 위에 보리알

하늘을 옮겨 담을까
억겁에 인연의 발자국 남겨볼까
지우고 비우고 내려놓으니 여백 만리거늘

님이여 낙서 자국 지워 낸 백지 위에
짙은 점 하나만 찍어 주소서
고운 인연 당신으로 고이 간직하고 가렵니다

님이여 오아시스는 아니어도
내 여백에 미소 한번 흘려주소서
먼 훗날까지 그대 나무 설렘에 살고 싶습니다

님이여 눈물 자국 바랜 백포 위에
실 한 오리로 한 뜸만 기워 주소서
이생엔 아니어도 다음 생에 인연 되고 싶습니다

그대이기에 좀 내여 주고 남긴 여백 위에
작은 보리알 같은 나는,
천애지각에 바늘로 서 있는 님 향해
지금도 날아가고 있습니다
바늘에 꽂혀서 지를 행복한 비명은
내 여백의 마지막 숨결입니다.

꽃잎편지~청암 이자영

홀로 아름다운 꽃씨

清巖 이자영

발 없는 잔디어도
말 못 하는 꽃이어도
길이 있고 하늘이 있나니

빗 노래, 바람 노래만 부르지 말고
황새 등에 업힌 참새처럼 사계절 나를까
지나온 산천초목 뒤에 남기며
흰 구름 위에 날개 펼치어보아라

홀로 유치한 꽃씨 한 알
소녀처럼 봄을 꿈꿀 제
꽂힌 자리에만 피는 줄로만 아는
홀로 아름다운 꽃씨 한 알
행복한 여인처럼 서두르는 모습 누구 닮았나

별님아 꽃씨의 잠꼬대 전하지 말아라
사랑한다는 말 꽃잎 펼쳐 전하리.

그립습니다

바람 엷어지는 봄 언덕에서
그립습니다
그립습니다
그립습니다
텅 빈 가슴에 임 향한 그리움
자꾸자꾸 심었습니다

멀고 먼 바다 저 켠 하늘에서도
너무 소중해서
비처럼 흘려버릴 수 없는 외로움이
때도 시도 없이 봄비처럼 꽃처럼 내립니다

손끝으로 심어 가슴에 잉태하며
임 보듬는 지붕 속에 갇혀서
그 체구보다 더 큰 그리움을
문 터지게 키웁니다

봄 우레 울고 천지에 봄이 싱그러울 때
임이시여 봄처럼 오셔서
가을처럼 안고 가 주십시오
오는 겨울엔 그 품에서
동면의 긴 꿈에 행복하옵니다.

꽃잎편지~청암 이자영

괴산에 넋을 두련다

清巖 이자영

배고프더냐, 마음 고프더냐
겨울 난 괴산호 군락지 따라
빈 숲 누비며 봄비라도 빌어 볼까

갈 곳 없어 출렁 다리 헤매다가
앉은뱅이 약수터에서
한 바가지 물로 시원히
구린 뱃속 씻어 내린다

바라만 보기에 너무 그리워
한번 생, 연리지에
내 놓쳐 버린 미운 사랑 목 매주면
아직은 아까운 나도 늦게나마
연리지처럼 사랑할 수 있을까

사십 계단에서 미련 많아
저 대운호의 원혼 되지 못했으니
마흔 고개에서 지나친 바위절벽
나 오늘 오십 고개에서 바라본다

하늘 밖 구름 사이로 내가 나르더라
굶주린 내 육신 망세루에 기하고
오늘은 비학봉, 군자산,
내일은 옥녀봉, 아가봉에서
바람 동냥 구름 동냥 세상 시름 잊을까

사철 푸른 괴산 비켜 안고
흐르는 대운호야 흘러간다
오늘은 아쉽다 만은
무주고혼 나르는 길 어이 막으랴
물새 따라 나른다, 괴산에 넋을 두고.

J에게

淸巖 이자영

해묵은 덤불 속에 굳은 땅 떠미느라
간간한 신음 소리 어젯밤 밝히더라

오늘은 훌훌 털고 거뜬히 일어나셔
3월의 싱그러움 가슴에 담으소서

뻐꾸기 울다 가면 봄 제비 둥지 틀고
처마 밑 아기자기 어느새 여름이 되리

비 오는 우산 속에 그리움 가을 불러
낙엽이 떨어지면 아쉬움 부서지리.

벗

벗이 봄이라면
아지랑이로 되어 주시라
벗이 풀이라면
이슬비로 되어 주시라
벗이 불이라면
장작으로 되어주시라
내가 만약 그대 벗이라면
나는
그대의 사계절이 되어 드리리다.

봄비 속 비愛

淸巖 이자영

내 곁에 머물렀던 시간들이
바람의 독촉이 불 같아도
미련의 긴 그림자 해와 같이 길어진다

봄비 운무 속 작별의 뒤 모습
서럽고 시렸어도 포근함이 그리워
또 마음 비집고 그리움이 또 숨어든다

좀만 멈춰다오
달려가서 날리는 꽃잎 속 그 뒷모습
한번만 안아 보고 싶구나

봄비는 추적대며 가란다 잊으란다
아직 준비도 안 되었는데 손에서 앗아 가는구나
봄비에 젖은 뒷모습 서정은 비愛라서.

편지

마른 나무에 새움이 트고
뭇새의 지저귐

봄 들판에 청아할 때
나는 긴 목수건에 감추었던 머리에
그대 그리움으로 삭힌
동백기름 바르고

봄물이 오르는 꽃잎 따서
새의 나래에
기다렸노라 전하리

천 마디 만 마디 담을 수 있을까.

QR코드

부활의 소나타_이서영

영상시 감상하기_낭송 정설연

버들 이서영 시인. 소설가. 시나리오작가

호 : 버들. 완도에서 1963년 태어나 완도고등학교를 졸업 후. 숭실사이버대학교 [방송문예창작학과] 거쳐 시문학에 입문하게 되었으며. 現代詩選 소설. 시. 시나리오. 부문에서 신인상을 타며 문학 활동을 시작한다.

현. 現代詩選 서울지회 이사. 짚신문학 부서기

제5회 감성테마여행 영상문학상 수상

제2회 시선문학대상 수상

짚신문학상 시 부문 '우수상' 수상

문예사조 시 부문 신인문학상 수상

보훈문화 공모전 서양화 2000년도 입선 수상

한국여성 공모전 서양화 2000년도 장려상 수상

숭실사이버대학교 [방송문예창작학과] 졸업

저서 : 제1집 아리아를 부르는 해바라기

버들 이서영의 창작노트

공저 : 가을편지. 꽃잎편지 외 다수

부활의 소나타 외

버들 이서영

얼었던 들녘에
투명한 생명체가
우주에서 바람을 타고
땅 위에 불시착 한다

하늘과 땅 사이를 곡예 하던
아찔한 순간을 잊어버리고
유유히 흐르는
강물 속에 몸을 던져
물고기의 아늑한 보금자리가 된다

살랑거린 물고기의
옷자락에 휩쓸려 위, 아래
동네 한 바퀴 돌고 보니
박수갈채 받는다

살아 숨 쉬는 맛에
부활의 소나타 연주하는
그대는 봄비구려.

가을이 머무른 자리

햇살 담은 가을은
오색 빛으로 손짓한다

어느 날 비바람에 시달리던
흔적마저 지우고
잉태하던 씨앗 속에
올망졸망 모여 앉아
믿음과 소망으로 다듬어진

가을은
골수 따라 꿈틀거린 세포들을
야무지게 영글었다
맛깔스런 미소와 황홀한
시너지를 남기고
파르르 떨리는 진통으로 내일을 낳는다

그것은 사랑의 포로 된
우리들의 미래를 위한
힘찬 발자취…….

꽃잎편지~버들 이서영

오른발 왼발

버들 이서영

길을 따라 나란히 걸어가는
오른발 왼발은, 묵묵히
지시하는 호령에 따라
굳세게 움직인다

내가 살아왔던 길을
씩씩하게 감당한
오른발 왼발은, 때 묻은
신발도 마다하지 않고
힘차게 걷고 있다

가족을 위한 밥상 준비로 바쁜
오른발 왼발은, 환하게 웃고 있다
일개미 같은 발에게 주는
공로상은 없을까

나는 오늘도
바른길을 걸어가며
향기로운 발자취를
남겨야겠다.

내 마음의 필터링

살아가는 세상 속에
가장 중요한 것은
입을 통해 바람을 타고
전해오는 발 없는 말이다

알록달록 여러 빛깔의 말속에
보약이 들어있고
맹독이 들어 있기도 하다

형태는 없지만
오로라처럼 왔다가 사라지는
수많은 말을
나는 필터링으로 곱게 걸러
뇌리에 저장한다

힐링되어 심장은 포근하고
입이 귀에 걸린다.

꽃잎편지~버들 이서영

삶의 파노라마

버들 이서영

알파와 오메가로 구성되는
삶의 발자취는
포근한 마음 전해주는 햇빛과
갈급한 심정 채워주는 물을 마시며
피와 살을 만든 양분을 먹고
삶의 향기를 느껴본다

어둠을 뚫고 터를 잡는 뿌리는
든든한 버팀목이 되어
흙 속에 보물을 감추고
무에서 유를 창조하는
피 맺힌 땀방울 흘린다

어둠을 뚫고 탄생한 줄기의
간절한 마음은, 햇빛에 물든
고흐의 그림 속, 해바라기처럼
활짝 웃고 살다가, 누군가에게
주고 싶은 보답으로 열매를 만든다

그런 삶의 맛으로 살아가는
가을 날, 빛나는 열매 속에
숨결을 불어 넣고
한잎 두잎 떨어져
흙 속에, 또 하나의
알파를 위한 준비한다.

꽃잎편지~버들 이서영

비빔밥 위에 계란

버들 이서영

찬바람이 불어오면
생각나는 너를
햇살에 담아
시린 가슴 채운다

달콤한 입술에 취하고
발가벗은 누드에 매혹되어
설렌 가슴 함께하니
오늘과 내일을 만들어
신기루가 보인다.

천상의 목소리

절벽 위에
나팔 불던 눈꽃송이
고운 햇살, 진한 키스에
사르르 형태를 잃어버리고
달콤한 입술에 취해
물방울 되었다

뚝뚝 떨어지는 세포들이
계곡을 타고 흐르는
목소리가 햇살 부른다

콩당콩당 물방울
잠자던 모모를 깨우고
콧노래 부르며
떨어지는 폭포에 몸을 싣고
하늘을 날아
햇살을 품에 안긴다.

고무줄 나이

버들 이서영

칼바람에 움츠리던
나뭇가지에
햇살은 친구하자
줄타기를 하고 있다

꿈에서 깨어난
연둣빛 잎새에도
햇살은 팔짱 끼며
친구하자
봄노래 부른다

여기저기 노크하는 햇살은
잠자는 입술에
초콜릿으로 유혹하며
친구하자 손 내민다

나도 햇살이 좋아
발바닥에 바퀴 달고
단숨에 뛰어간다.

만병통치

찬바람에 얼어붙은 가슴이
거북이 등껍질처럼
딱딱하게 굳어 둔탁해 진다

틈을 타고 나타난 악독한 마녀의
발톱이 심장을 향해 난도질 한다

마녀는 새빨간 거짓말로
목구멍에 황금을 삼키고
남의 심장을 오려 빌딩을 짓고
개소리로 큰소리치던 날
하늘에서 진실의 비가 내려
발광하던, 마녀의 모습이 검게 타서
연기되어 사라지더니
온 세상이 포근해 진다.

QR코드

꽃잎 편지_이향숙

영상시 감상하기_낭송 운율 김성천

이향숙 시인

호 : 심원(沁圓)

충남 홍성에서 태어남

인천교육대학교 졸업(1973년)

38년간, 초등학교 명예퇴진(2011년)

계간 현대시선 시 부문 신인문학상 수상

현대시선 충청지회 이사

시집 : 내 마음의 고향(2016년)

제5회 영상시문학상 가작상 수상

제2회 감성테마여행 영상앨범 참여

공저 : 가을편지 외 다수

꽃잎 편지 외

沁圓 이향숙

따스한 봄기운에
아지랑이 가물가물
먼 길을 돌고 돌아 나에게로
봄은 설레임으로 온다

예쁜 꽃잎 편지지 사서
소녀 시절로 돌아가
단짝이던 서울 친구에게로
안부편지가 그립다

넌 만년 소녀 같아
이런 소리가 듣기 좋아서
치매 시어머니와 손자 손녀 돌보며
착하게 사는지도 모르겠구나

이젠 할머니 친구
오늘 꽃잎 편지에
봄 향기도 한 움큼 함께 보낸다
영아, 보고 싶다.

봄비 그친 봄 새벽에

봄비가 주근주근 온종일 내리고
봄밤은 고요한 시간
밤하늘은 남빛 신비감마저 도는
상큼한 마음까지 아름다운 밤

봄비가 자주 조금씩
봄기운으로 나뭇잎도, 풀꽃도
성큼성큼 봄맞이 준비

봄은 확실히 희망을 주듯
신선함으로 우리에게 다가오는
자연의 선물이다

봄으로 가까이 가는
이 새벽에
난, 봄 마음을 가진
행복한 소녀가 된다.

새벽달

沁圓 이향숙

정월 대보름날이 지나고
까만 새벽하늘엔
반달이 되어가는 달님이
남쪽하늘에서 조용히 지켜보고 있다

어머니 마음 같은 달님
항상 변함없이 우리 마음을
어루만져주는 듯
새벽에 일어나 먼저
마주하는 다정한 나의 친구

새벽달님은 나의 제일 친한 친구
기쁠 때도, 슬플 때도 항상 나랑 함께한 친구

오늘도 새벽달님 보며
이 주일의 첫날
새롭게, 행복하자고 약속한다

고맙고 사랑스런
내 마음속의 달님.

삼월이 오면

산수유 노란 꽃송이가 활짝 펴고
연분홍 진달래꽃이 피는
삼월이 오면

난, 우리 동네 우암산과
상당산성 진달래 길을
설레이며 걸을 거예요

청주 시내가 다 내려다보이는
상당산성에 오르면
하늘하늘 산 벚꽃도
생강나무 꽃도
진달래꽃도
산수유 꽃도 함께하며

봄 향기 가득 가슴에 담고
마냥 행복할 거예요

그리움으로 설레는 삼월이 오면.

꽃잎편지~沁圓 이향숙

봄이 오는 소리

沁圓 이향숙

봄비 속에 싹이 나오는 소리
봄 햇살 받고 얼굴 내미는
새순과 꽃 몽우리들

살랑거리는 봄바람
개울 옆 솜털을 부비며
눈뜨는 버들강아지들

봄 햇살 속에서
개울 물 소리도 상큼하게 돌돌돌

아, 이렇게 봄은 마음속으로 슬금슬금
신선함을 안겨주는 봄이 오는 소리

날개 펴고 소라빛 맑은 하늘 향해
더 높이 더 넓게
야호.

새벽 편지

봄으로 이어지는 이른 새벽
봄비가 촉촉한 대지에
마음까지 젖어드는 봄

꽃망울이 하나 둘씩
풀꽃들도 쏘옥 쏙

새벽 맑은 정기로
남빛 새벽하늘과
그믐으로 향한 달님과
함께하는 상큼한 봄 새벽

사랑하는 친구들에게
새벽편지를 쓰고 싶다
지나간 추억을 돌아보며
순수했던 그 옛날의 시간들

새벽에
난, 마냥 순수한 소녀가 되어 행복하다.

꽃잎편지~沁圓 이향숙

봄빛 향기로움으로

沁圓 이향숙

살랑거리는 바람
포슬포슬한 땅 속에서
쏘옥 고개 내미는 새싹들

얼굴을 간지럽히는
봄 햇살 속에서
봄빛 향기로움으로
행복한 봄이 오는 길목

개나리꽃과 진달래꽃
산수유 꽃을 기다리며
봄빛 화사함으로 행복을 함께한다

새로움을 주는
자연에 무한히 감사하며.

봄밤에

봄으로 이어지는 따스한 봄 햇살에
하루 종일 마음도 봄같이 포슬포슬

봄이 오는 나날이 노곤해진 몸과 마음
한소끔 자고 일어나
까만 봄 하늘과 친구한다

아무일 없듯
봄 남쪽 하늘에 별님들은 초롱초롱

따스한 봄날로 이어지는 계절 앞에서
말없이 묵묵히 자신의 할일을 잘하는 자연들
나무엔 새순이 겨우내 잠자던 꽃나무도
꽃대가 쑥쑥 예쁘게 자라나는 동안

아, 새봄은 정녕 희망을 불러일으키는
마음도 몸도 기지개를 펴고
힘찬 새 봄을 좀 더 씩씩하자고
나 자신과 약속하는 봄밤에.

꽃잎편지~沁圓 이향숙

아, 어머니

沁圓 이향숙

쓸쓸한 설이 지나고
텅 빈 집안엔
허허로움만이

사 년 전 돌아가신
나의 모니카 어머니
갑자기 보고 싶어요

아픈 아들 가슴에 함께하고
아버지 곁으로
다섯 달 만에 따라가신 어머니

돌아가시기 삼년동안
사순절이면 어김없이 고통을 함께하신
나의 마음을 그리도 아프게 하시더니

이제 하느님 두 팔 벌린
그 아래에서
아버지 곁에 누워계신
나의 어머니

이승에서의 고통은
다 잊으시고
하느님 곁에서 편히 쉬세요

아, 나의 모니카 어머니
보고싶어요
사랑합니다.

꽃잎편지~沁圓 이향숙

사랑하는 그대에게

沁圓 이향숙

봄으로 이어지는
따스한 자연들
하루가 시작되는
새 봄의 이른 새벽
사랑하는 그대에게
봄의 향기 보냅니다

함께 있지 못해도
마음으로 따스하고 행복하게
샛노란 산수유가 봉긋이
해당화도 뾰족뾰족

민들레도 노오란꽃 터뜨리려
새로움을 향한 새봄으로
다가서는 시간 앞에
사랑하는 그대여
우리 사랑 변치 말고
행복하게 약속해요.

손편지

여름이 슬며시 다가와
녹음으로 내 마음도 녹빛
마른 공기가 안쓰러운 여름 새벽에
난, 친구 영아에게 손편지를 쓴다

나보다 한살 어린데도
항상 나를 챙겨주던 영아
시어머니 치매 간호에 남편 외조에
손자까지 봐주느라 쉴 틈 없는 내 친구 영아

예쁜 장미꽃 향기 담아
사랑하는 친구 영아에게
내 마음 둥실 실려 보낸다

나처럼 시골에 집 짓고
여유롭게 그리고 착하게 살고 있는 영아
시간 내서 우리 만나 우리가 자랐던
그리운 인천 앞 바다에 가서
그리운 추억을 끌어내보자

보고 싶다
내 친구 영아.

꽃잎편지~沁圓 이향숙

QR코드
어머니 전상서_정수옥
영상시 감상하기_낭송 정설연

정수옥 시인 화가
거주 : 동해
묵호 부설방송통신고등학교 졸업
현대시선 2016년 가을호 시 부문 신인문학상 수상
현대시선 작가협회 정회원
2011년 대한민국미술대전 수채화 입선작 자아도취
2012년 신사임당미술대전 수채화 입선작 기다림
2013년 대한민국미술대전 수채화 동상 화려한 외출
2016년 대한민국미술대전 특선작 고향
공저 : 가을 편지 외
시화 : 아차산. 광교. 중랑천. 신대천.

어머니 전상서 외

정수옥

아지랑이 피어오르는 시냇가에
은빛 물결 자아내고
행복한 사랑의 메아리가
운율에 따라 노래합니다

어머니의 사랑이
해맑은 미소로 귓가에 맴돌고
꿈에서라도 안아보려 해도
투명인간처럼 뚫고 스쳐지나
어느새 눈시울은 젖어만 갑니다

잘 지은 자식농사
논밭으로 들녘으로 일하시며
주식을 품에 안고
잘 달구어진 장작불의 가마솥은
어느새 금은보화가 가득합니다

늘 함박 웃음꽃이 사라지지 않은
자녀들을 바라보며
무한정 사랑을 주셨고

아프다는 내색도 없이
인고의 시절을 보내고
늘 힘이 되어주신 어머니

아무런 댓가도 없이
그저 바라만 봐도 좋아라 하시며
가까운 거리도 서슴지 않고
버스 승강장 앞까지 배웅해 주시던
건강한 모습은 어디로 가고
골목길 나와 배웅하시다
이젠 방문 안에서 가라 하시네요

가엾은 울 어머니 사랑으로
모든 아이들에게 내리 베풀며 사랑을 주렵니다
꽃들이 여기저기 피어나면
따뜻한 봄날 아버지랑 손잡고
봄 마중 나가시길 바랍니다
사랑합니다.

꽃잎편지~정수옥

겨울 바다

정수옥

바다가 보이는 마린테크
아메리카노 한 잔을 시켜놓고
시야는 돛단배 같이 큰 배를 가리키고
베토벤의 교향곡처럼
파도는 우렁찬 고음으로
누군가를 기다리듯 일렁이고
소년. 소녀 같으신 멋쟁이
할아버지 할머니들이
오손도손 이야기하며 커피 한 잔에
행복함이 묻어나고
풍랑이 불어오면 물보라를 즐기는 사이
파도는 파랗고. 하얀 이를 드러내는 미소
엄마가 해 주신 시루떡이 생각난다
창밖엔 철새들이 떼 지어
운무를 연상시키고
하늘은 길을 내어주듯이
넓은 세상 구경하고
인생도 철새처럼 겨울바다에
힘찬 날갯짓을 하네.

생명

따뜻한 봄이 오고
매화꽃 향기에 취해
벌은 꿀을 찾아 날갯짓을 하고
대지의 생명은 빠끔히 움트는 산마루

지난가을에 남겨둔 비닐을 벗겨내며
농부의 마음을 헤아려주지 않은 채
두더지가 땅을 파고 길을 만들어 놓는다

생명은 소중하기에
사멸시키지 않고
지렁이가 땅을 북돋아 주듯이
자연과 함께 공생 공존하며 살아가는
생명의 소중함을 일깨운다.

동행

정수옥

친구들과 소꿉놀이하던
그 시절을 회고하며
난 너를 알고
넌 나를 알며
동고동락하며 지내왔던 참새처럼
재잘재잘 거리며
밤이 새는 줄 모르고
이야기꽃 피우고 싶구나
사랑하는 친구들아
너를 다시 만나
내 몸은 유년 시절로
돌아갈 수 없지만
내 마음 동심으로 돌아가
젊음은 무제한으로 충전되어
행복은 만사가 교차하며 맴도는구나
밴드가 좋아 친구가 좋아
모르고 지내던
친구 소식 들려오고
슬플 때나 기쁠 때
늘 함께하고 행복하게 살자.

용기 있는 삶

5일장이 열리는 북평장
낡고 허름한 운동화
농사일에 지저분해진 옷맵시
고이 접은 지폐 한 장
누군가의 아버지이신 할아버지
호미 괭이자루 같은 낡고 허름한 배낭에
버스를 기다리시고 시골의 삶이 묻어난다
왠지 모를 작은 행복을 담아 용기 내어본다

꽈배기. 호빵. 도넛 3종 세트를
손에 안겨드리고 "이게 뭐요“, ”누구요"
그저 고맙다는 말씀만 하시며
봉지만 만지작거리시고
난 먼저 온 버스를 타고 먼 발취에서 보며
좀 더 건강하고 오래 사시 기를
누군가 볼까봐 몰래 눈물을 훔친다
어느 여름날의 고요한 아침은
추억이 되어 돌아오고 작은 용기로 주는
행복은 나에게 배가 되어 돌아온다.

꽃잎편지~정수옥

고향

정수옥

나 홀로 냇가에 앉아
달콤한 공기를 마시며
던져보는
돌멩이 하나
푸르러 익지 않은
풋과일처럼
해지는 줄 모르고
놀던 유년시절
인동꽃 향기
어지러운 실개천
다시 찾을 보배
포근히 감싸주는 내 고향
마음의 문을 열어주는
이별 없는 내 고향.

자화상

한 떨기 꽃잎이 되었던 날
당신의 눈빛은
무엇이었는지
그렇게 나를 야위게 했을까
눈물에 젖은 꽃잎은
씨앗으로 영글고
그대에게 가고 싶구나
구름은 어둠을 감싸 안고
내 마음 갈 곳 몰라
시리도록 가녀린 손을
하늘처럼 위로 향하여 보듯이
그곳에 올려놓으리라.

꽃잎편지~정수옥

해바라기

정수옥

눈부시어 일어나니
해바라기 미소가 오고 있다
곤두래 만두래 자던
피곤의 숲 속을 헤매던 사념은
어디론가 사라져 버렸고
따가운 햇살에
해바라기는
푸른 하늘과
향기로운 풀 위에
오만스레 빛발하고
하늘만 바라보았네
침묵으로 하루를 나에게
미소만 보내네.

개미와의 동거

엄마가 남기신 요플레
어떻게 냄새를 맡은 것인지
살며시 다가와
먹는 건지 나르는 건지
많은 개미들이
줄 행렬을 하며 오고 간다
언제부턴가
밥을 거부하시는 어머니
요플레 사랑에 빠졌다
요플레 사랑은 개미도 하나보다
날씨가 쌀쌀한 탓인지
11월 늦은 가을날
몸이 불편해지셔서
병원에 계신다
청소하러 엄마집 갔더니
개미는 보이지 않는다
한 땐 개미가 얄미웠지만 엄마가 아프시니
개미가 그립다.

꽃잎편지~정수옥

QR코드

장미_장영순

영상시 감상하기_낭송 운율 김성천

장영순 시인

아호 : 효설

2015년 시와 수상문학 시 부문 신인문학상 수상

'시와수상문학작가회" 편집이사

한국문인협회 시분과 회원

하나 예술원 '꽃뜰 힐링시 낭송협회' 우수회원

공저 : 한국 대표 서정 시선·7_꾼과 쟁이·8 등 다수

장미 외

효설 장영순

갓 피어난 장미 한아름
오월의 그대에게 안기겠어요

붉고 진한 고혹의 향을
그대 가슴에 뿌리고 싶어요

돋은 가시를 두려워 말아요
저의 세상이 보인답니다

맑고 따스한 오월처럼
우리 사랑도 그렇게 해요

그 속삭임에 여름은 짙어 가고
사랑에 불타는 가을이 오죠

돋은 가시를 두려워 말아요
그대만 보면 더 붉은 저예요.

유심초(有心草)

가랑비 내리듯 비되어
소리 없이 젖어든 그대

이렇게 바람 잔날 보고 싶어
고적(孤寂)은 더 깊은데

아린 가슴 깊숙한 곳
詩로 태어나는 나의 그대

기다림 달래며 빈 가슴 채워 가는
아직도 우리! (우리)라는 단어속의

그대와 나, 끝없는 사랑이야기.

꽃잎편지~효설 장영순

데이트

효설 장영순

봄비 쏟아진
거리를 달려 보라

몸이 초록의 숨을 쉴 때
거리는 짙은 향기로 가득차
방실 웃고

봄의 향연 속에
나를 감싼 임 어깨가
모든 시름 잊게 해 줄 때

시원한 바람 임 손길 되어
나의 행복을 쓰다듬고

그윽한 실눈에 보이는 임은
아련한 봄 아지랑이로
생긋이 웃는다.

소중한 사람

시린 달빛 따라
흐르는 마음 밭에
그대 생각을 심었어요
무심한척해도
괜스레 신경 쓰이고
안 보이면 보고 싶고
보이면 미소 짓게 하는
그대,
옷깃만 스쳐도
인연이라는데
그대와 나
무슨 연이 있어
이리 만났을까요
곁에 있어 소중한 줄
몰랐던 사람
이사랑 오래오래
잘 지켜가요.

봄 속에서

효설 장영순

상큼한 꽃의 향연
봄이 왔어요
사랑하는 내 임이
내 손 잡아끌고요

사랑하기 좋은 계절
임 꽃밭에 나 뉘이고
속삭여요, 속삭여요
단단히 속삭여요

풀리는 내 머릿결
내 임이 간지럽고
훅! 달아 결심한 손
안 놓친다! 끌어안네.

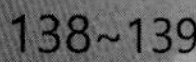

달빛 사랑

달빛 사랑이 제게 오니
생각만 해도 좋아서
미소 지어요

그대는 내가 사는 세상에서
제일 멋지고 중요한 사람
제 마음 깊은 '은애'입니다

아낀 그대 속마음 제게 보이면
제 마음은 은빛 바다에
헤엄치는 물고기

그대와는 사소한 일상까지
속 길을 내고 사는
친밀한 벗이었으면 싶어요.

파문(波紋)

효설 장영순

톡,
물 한 방울 소리에도
흔들리는 은빛호수

푸드득
새 한 마리 날갯짓에
흔들리는 나뭇가지

사랑해…
떨리는 듯 목소리에
콩닥거리는 마음

더도 덜도 말고
지금만큼만
사랑하자.

사랑은 비를 타고

재촉한다고 꽃이 피더냐
때가 되어야 피는 것임을

이별하였다고
슬퍼하지 마라

하늘도 외로움 짙어지면
눈물 흘린다

울다울다 보면
맑아지고 더 푸르지.

꽃잎편지~효설 장영순

그대에게

효설 장영순

생각해보면
마음 행복해지는 사람
그대입니다

멀리 있어도
잠시 잊은 적 없고

맑은 마음과 향기로
엮어지는 재미난 그대의 언어는
늘 행복하여 미소 머금네요

나뭇가지 새의 정다운 지저귐도
그대보다 설레게
하지는 못할 거예요

때로는 지친
삶에 휴식처 되고
활력소 되는 그대를
참 마음으로
응원합니다.

매화

얼음골 샘물도
풀려 졸졸졸
자갈을 보일만큼 투명하게 맑아지고

아직 눈산
바람나무 계곡

걷다 쉬다 걷는
선승의 도포 자락 속으로
매서운 칼바람 약해져 들어온다

아직 추운 게야
빈 가슴으로 파고드는 걸 보면

씻기듯
맑은 물소리
고요한 산을 흔들어 놓네

팔을 벌리고
봄이 오고 있다고.

꽃잎편지~효설 장영순

꽃잎 편지

초판인쇄 | 2017년 7월 10일
지은이 | 김삼순 김정원 박완실 박선해 안춘예
이자영 이서영 이향숙 정수옥 장영순
펴낸이 | 윤기영 **편집인** | 정설연
펴낸곳 | 도서출판 노트북 **등록** | 제305-2012-000048호
주소 | 서울시 동대문구 사가정로 256-4 나동 101호
전화 | 070-8887-8233 **팩스** | 02-844-5756 **H.P** | 010-8263-8233
이메일 | hdpoem55@hanmail.net

ISBN 978-89-92687-93-5-03810
정 가 12.000원

2017년 감성시 산책. 여류작가 10인의 감성시집

한국 현대시[韓國現代詩]

811.7-KDC6
895.715-DDC23 CIP2017015087